AF248100

Adhémard LESFARGUES-LAGRANGE

LE
COUP D'ÉCLAT

PARLEMENTAIRE

DU 16 MAI

Le suffrage universel est un idiotisme de la plus belle eau ; mais...

Il y a plus d'éloquence dans une
charge de poudre que dans une
charge d'âne de discours...

Prix : 30 cent.

EN VENTE

CHEZ LES PRINCIPAUX LIBRAIRES

1877

Adhémard LESFARGUES-LAGRANGE

LE
COUP D'ÉCLAT
PARLEMENTAIRE
DU 16 MAI

> Le suffrage universel est un idio-
> tisme de la plus belle eau ; mais...
>
> Il y a plus d'éloquence dans une
> charge de poudre que dans une
> charge d'âne de discours...

EN VENTE

CHEZ LES PRINCIPAUX LIBRAIRES

1877

LE
COUP D'ÉCLAT

PARLEMENTAIRE

DU 16 MAI

~~~~~~~~~~~~

« L'homme est un roseau pensant, » a dit un grand génie. Au point de vue poétique et petitement philosophique, cette figure est réussie. C'est une hardiesse d'une belle simplicité : il semble voir des roseaux en abondance, que le souffle du moindre aquilon fait incliner vers le Nord ou vers le Midi avec un ensemble et une symétrie inconnus des mortels.

Si nous passons de l'idéal au réalisme — cette terrible école de l'avenir — il nous est impossible de regarder l'humanité en général avec le moindre sentiment poétique. Nous sommes amenés à déclarer que « l'homme est un chêne plus ou moins pensant, » parce que dans une forêt de chênes, il y en a de toutes les dimensions et de toutes les qualités ; parce que le chêne peut confec-
~~~~~~~~~~~~

tionner le lit de naissance et le lit de mort ; parce qu'enfin avec le chêne on peut fabriquer un gourdin. Voilà la définition au point de vue réaliste — j'allais dire politique — qui peut être donnée de l'homme par l'homme.

En effet, l'homme commande à l'homme, l'homme surveille l'homme et lui dicte des lois ; enfin l'homme a un semblant de droit de vie et de mort sur son semblable.

Ah ! s'il regardait l'humanité par un seul côté, quel est l'observateur qui ne serait tenté de dire avec tristesse : « Il n'est rien de plus vil, de plus méprisable que l'homme ! » Mais quand on examine l'ensemble majestueux ; quand on généralise toutes les particularités ; quand on pressent cette solidarité universelle, quoique indéfinissable, qui ne peut manquer d'être la loi suprême, — alors on est tenté de s'écrier : « Il n'est rien de plus grand que l'homme ! l'homme est un dieu ! »

On a beau vouloir l'éloigner, la science première revient comme le naturel : elle s'impose même dans la question politique, sans cependant cesser d'être un accessoire occulte, c'est-à-dire n'agissant presque pas.

La philosophie a cependant pour principe le sentiment, et Dieu sait s'il est possible d'allier le sentiment à la politique.

Rêver de gouverner les hommes à l'aide d'une politique sentimentale est du domaine de la folie. On a remarqué depuis lontemps que ceux qui croient à la possibilité d'une politique positive, rationnelle et mathématique, sont ceux-là mêmes qui jettent la pierre aux bonasses qui ont foi aux vertus de l'eau de Lourdes. Il est aussi prouvé que les honorables dont chaque phrase contient une imprécation dirigée contre ceux qui fréquentent les églises sont ces braves qui, au nom de la liberté, passent leur journée entière ou leur demi-journée dans les cafés ou dans les débits, où ils absorbent ces affreux liquides exotiques, introduits grâce au progrès, et qui ont pour principale mission de préparer le corps à la ruine physique.

Ah! la logique humaine est dans une belle situation, et l'histoire de la *poutre* et de la *paille* sera toujours une bien véridique figure politique.

La politique! Pourra-t-on jamais définir ce que c'est?...

C'est une chose qui ferait hausser les épaules aux intelligences supérieures, si ce n'était un objet d'utilité sociale. Envisagée froidement, elle inspire le dégoût, et, pour l'aborder de front, il faut réellement n'être pas sans un certain courage.

La plupart des écrivains qui se sont occupés d'études politiques et sociales ont cherché à se placer dans les nuages qui planent dans les hautes régions pour envisager les innombrables réformes demandées à tue-tête par toute la multitude depuis les temps les plus reculés jusqu'à nos jours.

Voyager dans le pays des nuages peut convenir aux poètes ; mais quiconque veut s'occuper de questions sociales doit éviter de se placer dans une situation anormale, qui ne peut que fausser le jugement, les appréciations et jusqu'aux plus simples constatations...

C'est dans la boue amoncelée sur le bord du chemin par les orages et les tempêtes, près d'un égout recevant les immondices humains, que l'écrivain politique doit se placer s'il veut que le produit de son imagination soit logique, partant valable ; s'il veut que ses études et ses recherches soient autre chose que des idiotismes enjolivés, des superficialités aux mille formes, auxquelles il manque l'ombre même du fondement.

Que dis-je?... « La boue terrestre ! »

Pour écrire l'histoire humaine, qui est l'histoire politique, il faudrait avoir près de soi — puisque la peine de mort figure encore dans le Code justicier humain ! — le cadavre pantelant d'un décapité, dont la poitrine, ouverte en croix par deux coups de dague, montrerait à nu le cœur et les régions qui l'environnent. C'est dans ces organes principaux, chef-d'œuvre physiologique, mathématique et positif ; c'est surtout dans les artères du cœur, dont le sang bouillonnerait encore, que l'écrivain socialiste ou politique devrait tremper sa plume pour être encore plus près de la vérité !... Ce n'est qu'avec le sang humain que l'on pourrait écrire avec justesse, avec positivisme et précision, l'histoire politique passée, présente et... sans doute future de tous les peuples, de toutes les nations !...

La politique est une harpie. Des insensés voudraient en faire une vierge, sans doute pour pouvoir la violer, l'outrager et la rendre encore plus odieuse — l'infortunée — si cela était possible.

Il y a loin de ce tableau véridique à celui dessiné par beaucoup d'écrivains socialistes —,des fous — qui n'ont étudié que des particularités. Avec le *si* on peut faire des discours interminables et d'une hardiesse de premier ordre. Mais supprimez le *si*, qui n'est qu'un conditionnel, que reste-t-il de tant de pages?.. Rien, absolument rien !

Ah! si le peuple savait s'entendre! si le peuple n'était pas si bête ! etc... et les réformateurs continuent à bâtir leur édifice sur le *si* dont la base est creuse. La vérité est que l'entente n'a jamais existé, n'existe pas et n'existera jamais ; que le peuple en général a toujours été bête et le sera toujours, et c'est justement cette base sociale qu'il faut étudier et mettre en ligne de compte pour faire en politique quelque chose, non pas d'excellent, — ce qui est impossible, — mais de passable.

En politique, on a à compter avec la nature, qui est le seul droit divin, droit de premier ordre, qui commande à tous les autres et devant lequel chacun vient s'incliner tour à tour. Ah ! combien de fois les échauffés promoteurs de l'existence du libre arbitre ont-ils eu comme entrave cette même nature qu'ils voudraient soumettre à leurs rêves exaltés. Mais une mère est toujours une mère : ses droits sont écrits dans le code suprême d'une manière ineffaçable. Allons, jeunes gens, entrez en lutte avec la nature, persistez, et nous verrons de quel côté sera la victoire !...

Si le splendide édifice formé par l'idiotisme humain avait besoin de colonnades pour croître et embellir, il est trois mots fameux qui pourraient servir d'appoint : « *Liberté, Égalité, Fraternité !* » C'est un trio magnifique... mais vraiment je ne le comprends pas ! Il est trop profond, sans doute, cet hiéroglyphe ronflant autant qu'imposteur, et qui, pris au pied de la lettre par les esprits faibles qui se croient des phénix en politique, ne peut que servir d'acheminement à des utopies de nature à conduire au désordre général.

Si, parce que l'on se propose de guérir ceux qui s'y réfugient, l'on mettait sur un hôpital : « *Ici est le Temple de la Santé,* » croyez-vous que cette inscription ne serait pas ironique au premier chef ? Eh bien ! le trio que vous faites entrevoir sans conditionnel sur le fronton de l'humanité cadre à peu près d'une manière aussi logique que celui que je viens de supposer sur un hôpital.

La Liberté, l'Égalité et la Fraternité ne sont pas de ce monde. Ce sont des illusions créées par et pour de grands enfants.

Montrez, en politique et en socialisme, aux hommes, trois autres mots, de façon qu'ils les aient sans cesse à la mémoire, pour qu'ils aient à les redouter chaque jour, à chaque heure, à chaque minute, pour qu'ils s'étudient eux-mêmes... Ces trois mots sont : « *Égoïsme, Ambition, Idiotisme !* » trois plaies funestes dont on a à redouter encore l'agrandissement ; trois colosses capables de lutter contre toutes les armées du monde, par la simple raison que les soldats chargés de les détruire en seraient eux-mêmes les porteurs en titre.

Le suffrage universel n'est présentement qu'un idiotisme de la plus belle eau. C'est cependant cet idiotisme — relatif bien entendu — qui a jeté par terre, fort endommagé, ce fameux droit divin que l'on disait inaltérable. Comment et pourquoi a-t-il été renversé, le droit divin? La réponse est simple. Le droit divin, en réalité, était le produit de l'imposture et de l'hypocrisie. « Il n'y a pire, dit la légende, qu'un paysan révolté. » Il est arrivé ceci que le gros lourdaud de paysan (le suffrage universel) s'est aperçu à la longue qu'il s'inclinait devant la mystification, et alors il a fermé son immense poing, a frappé à la tête l'imposteur hypocrite, qui a roulé dans le ruisseau.

Actuellement, le droit divin voudrait relever la tête pour s'essayer. Il fera bien de prendre ses précautions, car le suffrage universel est un gaillard solide, se prenant au sérieux dans sa bêtise, et qui vendrait chèrement sa peau. On a tout à craindre d'un paysan révolté! Donc, s'il faut passer par les fourches caudines du suffrage universel, c'est-à-dire de l'idiotisme, c'est uniquement parce que l'on n'a rien de meilleur pour mettre à sa place. Mieux vaut un idiot avec lequel tout le monde peut avoir part et bénéfice dans les affaires, que l'imposteur qui veut tout pour lui, est juge et partie, et prend le droit de se moquer, à l'occasion, des victimes qu'il mène à la baguette dans le sentier de l'abrutissement.

Nous retrouverons tout à l'heure le suffrage universel. Constatons, en attendant, que les hommes politiques fils de ses œuvres ne font pas précisément preuve d'une grande logique en essayant de renverser celui qui leur a servi de père et duquel ils ont accepté la vie.

Il y a peu de temps, à propos d'une élection radicale, j'écrivais ceci :

« Le plus clair de cette élection est que nous pouvons nous attendre à voir apparaître au Sénat, à la prochaine occasion, un conservateur nuance Dupuy de Lôme. »

Comme on a pu s'en apercevoir, la supposition était modeste, et c'est une affaire plus grave qui est survenue.

A dire vrai, j'avais toujours pensé, en examinant la marche des événements électoraux, que le cabinet Simon aurait à sa chute, pour successeur immédiat, un cabinet Fourtou. Seulement je supposais au cabinet Simon assez de force pour pouvoir tenir plus longtemps.

C'est une preuve de plus que « compter sans le pape, c'est s'exposer à compter deux fois. »

A examiner froidement la situation, elle a de l'analogie avec la femme dont l'accouchement aurait lieu après sept mois de grossesse, alors que les voisins et les voisines n'attendaient l'événement qu'au bout de neuf mois, terme ordinaire. C'est un travail qui surprend, mais auquel on s'attendait, qui devait se faire, et qui se trouve fait.

Il ne reste plus qu'à examiner les conséquences.

Le coup d'éclat parlementaire du 16 mai était-il opportun au point de vue politique général? Non.

Le maréchal de Mac-Mahon avait-il politiquement des raisons pour le faire? Oui; mais il aurait pu trouver plus tard une meilleure occasion.

Il est bien entendu que je n'approuve pas l'acte du 16 mai. Je constate simplement...

Les hommes au sens véritablement politique ne courent pas les rues en France. Ils sont en bien petit nombre. C'est ce qui me fait craindre des tiraillements perpétuels dont ces imbéciles dangereux qui se sont affublés du titre de radicaux seront l'éternelle source.

En politique, la guirlande est au plus malin.

Soyons francs dans nos appréciations.

Est-ce que les radicaux, s'ils avaient pu, n'auraient pas exactement fait le même coup que le maréchal? C'est du reste leur programme. Il y a cette différence que le maréchal est en situation à l'heure actuelle, et que les radicaux, eux, n'auraient pas gardé le pouvoir quinze jours, par la raison bien simple que le radicalisme est lui-même son plus dangereux ennemi. C'est prouvé depuis longtemps.

En examinant bien cette politique, on ne peut que constater une chose : c'est que tout radical peut être considéré comme un *idiot* ou comme un *coquin*... Choisissez.

En voici la preuve :

La signification réelle du mot radicalisme veut dire : détruire immédiatement tout ce qui s'oppose à un fonctionnement gouvernemental, extirper le mal dans sa racine pour le rendre impuissant. Or, savez-vous quel est le chiendent des radicaux ; savez-vous ce qu'ils ont rêvé de détruire ? Simplement trois choses : *l'orgueil, l'ambition* et *l'idiotisme.* Ils sont modestes, comme vous voyez.

Ces *trois petites choses* disparues, cela marcherait, disent-ils, comme sur des roulettes. Il y a un *si...*

Malheureusement pour les radicaux, c'est qu'ils représentent eux-mêmes, et à de bien fortes doses, le trio *orgueil, ambition, idiotisme,* ce qui les force logiquement à taper sur eux-mêmes comme sur des ennemis, à se battre entre eux comme des sourds et des aveugles au fond d'une cave. Les radicaux en veulent surtout aux aristocrates, et il est constaté qu'il n'est pas de plus aristocrates que ces messieurs ; car il leur suffirait d'être en situation pour se faire valoir.

Il serait trop long d'énumérer ici leurs qualités aventureuses. Ce qui est certain cependant, c'est que les radicaux pur-sang, c'est-à-dire les sujets doublés d'idiotisme ou de coquinerie, ne forment pas en France un noyau dangereux. Ils ne sont pas aussi nombreux qu'on pourrait le supposer.

Les trois quarts des radicaux sont au fond des opportunistes, autrement dit des républicains, et ne veulent arriver que progressivement et graduellement, sans renverser trop vite les bases de l'ancien édifice afin de construire le nouveau.

On a eu grand tort de faire jouer ce mot *radical* dans l'écarté de la politique. Il ne prouve rien, et c'est un sujet d'effroi — pour les imbéciles si vous voulez ; — mais les imbéciles forment en France et ailleurs un noyau assez considérable ; on ne doit pas dédaigner de tenir compte de leur existence, le bulletin qu'ils mettent dans l'urne étant parfaitement valable.

L'épouvantail qui a fait agir le maréchal de Mac-Mahon ou son entourage n'était donc pas à craindre présentement ; mais il pouvait prêter à des suppositions de craintes.

Je suis persuadé que si l'on offrait à présent au veau d'or du radicalisme — j'ai nommé Naquet — de prendre le lieu et place du maréchal de Mac-Mahon, son plus pressé serait de refuser.

Les supplications n'y feraient rien. Naquet, qui est intelligent, répondrait :

« Mes amis, ce n'est pas le moment, je serais débordé ! »

Soyons logiques, jeunes gens de la politique. Vous prônez un système que vous savez hors de saison ; vous reconnaissez vous-mêmes qu'il ne pourrait fonctionner. Pourquoi le prônez-vous ? Ah ! je sais, vous travaillez pour l'avenir.

Sans doute c'est une tâche bien louable que travailler pour un avenir dont on ne peut bénéficier ; mais lorsque ce travail d'avenir crée des complications incessantes et journalières au présent, il vaudrait peut-être mieux employer son temps dans des relations pacifiques avec le dieu du sommeil. Les beaux rêves qui s'ensuivraient seraient du domaine de la psychologie — ce qui est grandiose — et le physique n'aurait pas à s'en préoccuper.

C'est que le physique joue un grand rôle en politique, ne vous déplaise. Si Thiers avait eu la taille de Murphy et s'il n'avait eu que quarante ans au 24 mai, il n'aurait pas été renversé et il serait encore président de la République. Vous me trouverez peut-être un peu réaliste de donner une aussi grande importance au physique dans ce qui est de la politique. Je vous ai dit que la politique était une harpie de premier ordre — ne l'oubliez pas — et je sais qu'il y a plus d'éloquence dans une charge de poudre que dans une charge d'âne de discours. Nous ne sommes pas encore arrivés à l'époque où les baïonnettes seront définitivement reléguées dans les Musées et placées dans les rayons affectés aux souvenirs.

Donc Naquet, au lieu et place du maréchal de Mac-Mahon, servirait de jouet à tout son ministère en particulier et à tout le monde en général. Et les nations voisines ne s'en priveraient pas, à part toutefois la Russie et la Turquie, lesquelles sont en train de prouver les progrès faits par l'intelligence humaine au point de vue de la fraternité.

On ne me sortira pas de l'idée que le mal et l'idiotisme sont aussi d'essence divine. Ils tiennent la corde depuis si longtemps; ils jouent un si grand rôle, que l'on est obligé de se rendre à l'évidence. Franchement, est-il quelque chose de plus bête que les armées de deux nations différentes se tirant des coups de fusil, s'écharpant littéralement pour une cause des plus futiles? Il y a quatre mille ans que cela existe, et l'on vient nous parler de progrès.

Savez-vous ce qui arriverait, si malheureusement on trouvait les moyens de supprimer les guerres entre nations. Eh bien ! je vais vous le dire. Nous verrions apparaître alors les guerres civiles, ce qui est cent fois plus hideux.

La guerre civile serait le résultat du radicalisme, — qui a horreur des luttes entre nations — si les radicaux prenaient les rênes du gouvernement. Dieu merci, ils ne sont pas prêts à arriver au pouvoir, car ils savent qu'il doivent compter avec les chassepots ou autres ustensiles de ménage en politique.

Naquet, chef d'État, pourrait bien coucher une nuit à l'Elysée ou peut-être deux, mais la troisième verrait s'opérer un changement de lit de repos : c'est au Père-Lachaise, ordinairement, que ces grands génies, rêvant pour l'avenir, sont envoyés prématurément lorsqu'ils touchent au Capitole. Et par qui ? Par leurs admirateurs de la veille qui deviennent les ennemis du lendemain.

Ce sont les radicaux de l'ancien temps qui essayèrent de construire la fameuse tour de Babel. Ceux d'aujourd'hui sont à peu près d'égale force sur un point, mais différent sous un autre : les idiots des premiers temps de la création se rendirent à l'évidence ; ceux d'aujourd'hui la méconnaissent et cherchent toujours à aller de l'avant... en paroles, bien entendu.

La politique — cette harpie universelle — a mis dans son blason une inscription significative : « *Il vaut mieux tuer le loup que si le loup nous tuait.* » C'est l'expression dont se servit, à sa terre de Cavalerie, le fameux marquis de La Valette, au moment où il était question de supprimer un des plus importants journaux de province.

Je tiens à dire en passant que le ministre La Valette est le père adoptif du célèbre Welles, au nez rouge et significatif, dont les compatriotes de M. de Fourtou avaient fait leur député, par la seule et unique raison qu'il était « le fils de son père. »

M. Welles de La Valette est un ami de M. Bardy de Fourtou (Oscar), présentement ministre de l'intérieur.

Un journal de Paris a ainsi fait, à l'époque, l'éloge du fils adoptif Welles :

« Enfin, nous connaissons le député de Ribérac. » Hier, à la séance de la Chambre, il s'est levé... » et a failli parler.... »

C'était grave, car M. Welles de La Valette ne se levait pas souvent...

M. de Fourtou n'est pas précisément communicatif ; mais s'il m'était donné de pouvoir le coudoyer, comme autrefois, en pleine terre, je ne pourrais m'empêcher de lui demander si ce sont les Welles de nos jours qu'il veut propager en France.

Brigadier, que tu m'affliges !...

M. le Ministre de l'intérieur actuel est un homme intelligent. Tudieu! comme il a su faire son chemin. Il a débuté par l'agriculture et le voilà en pied caporal d'ordinaire.

Comme Énée, il a eu son Virgile, et le quatrain suivant vit le jour en Périgord aux premiers exploits du héros :

> Voulez-vous un moyen nouveau
> Pour faire un profit légitime?
> Prenez *Oscar* pour ce qu'il vaut
> Et vendez-le ce qu'il s'estime.

Le coup d'éclat parlementaire du 16 mai doit amener inévitablement une autre parturition, issue cette fois du suffrage universel. Sera-ce une fille ou un garçon? une Cornélie ou un Octave?... Mystère de l'avenir.

M. de Fourtou lui-même, consulté à cet égard, répondrait qu'il n'en sait rien. M. de Broglie, lui, répondrait par un sourire.

Le cabinet actuel doit comprendre qu'une situation semblable demande un appel au pays, et cela le plus tôt possible : il y a péril en la demeure.

A la chute de M. Jules Simon, les hommes politiques avaient flairé la rentrée de M. de Fourtou aux affaires.

M. de Fourtou a dû sa rapide fortune, comme homme politique, à l'inévitable M. Magne, bonapartiste de vieille date, et qui cependant se fit tant prier, au début de sa carrière politique, pour entrer en relations avec Louis-Napoléon.

Le propriétaire de Trélissac n'était point bonapartiste à cette époque, et sa réponse aux supplications des entremetteurs qui flairaient en lui une tête exceptionnelle, était celle-ci :

« Je ne veux pas quitter mon cher Trélissac ! »

Les arbres verts des bosquets ; les marguerites qui balancent leur tige dans les prairies, au gré des zéphirs ; l'eau qui murmure au détour d'un ruisseau sur un gravier miroitant, sont de bien beaux attraits pour les cœurs qui aiment à se nourrir de poésie.... mais, hélas ! on meurt de poésie, — il en est du moins, — et la perspective d'un portefeuille, entrevu dans d'autres horizons, fait vivre d'affaires.

Et M. Magne a fait son chemin. Du reste, il est d'un pays où les hommes politiques savent aller de l'avant.

M. de Fourtou est de ces parages, et certes ce ne sera pas M. Magne qui s'arrogera le droit de renier son protégé.

Le portefeuille du ministère de l'intérieur, soyez-en certain, est actuellement entre les mains d'un homme difficile à intimider.

« Mon cousin Mayenne est un grand capitaine, mais je me lève plus matin que lui ! » M. de Fourtou est bien malin ; mais M. de Broglie est aussi bien malin.

S'il est une satisfaction dans la pénible impression produite par l'acte du maréchal au 16 mai, elle se trouve dans la rencontre de ces deux personnages au cabinet. Comme les hommes politiques qui les entourent doivent épier leurs agissements avec cette curiosité anxieuse qui s'inculque à l'esprit toutes les fois qu'une situation exceptionnelle se présente!

Si M. de Fourtou tire les draps d'un côté, dans la couche ministérielle, M. de Broglie les tirera plus fort encore de l'autre. Ce petit travail les fatiguera, assurément, et, de plus, leur inspirera une crainte: celle de détériorer d'une façon à le rendre inhabitable le lit prétendu de roses qu'ils convoitaient depuis longtemps, lit où des épines se font jour à chaque minute, absolument comme si une baguette magique avait pris à tâche cette besogne.

Il est des situations exceptionnelles où les hommes les plus exceptionnels s'usent vite. Le cabinet Broglie-Fourtou a entrepris de gaîté de cœur, avant que le besoin s'en fît réellement sentir, un de ces coups hardis qui ouvrent le champ aux plus incommensurables complications politiques, et sur lequel l'histoire ne manquera pas de faire peser sa lourde main suivant que la fin aura justifié les moyens.

La politique est un jeu pour lequel on doit toujours se ménager quelques atouts. MM. de Broglie et de Fourtou viennent de jeter leur dernier sur le tapis. Ils peuvent gagner. Mais ils ont neuf risques sur dix de perdre.

Somme toute, la présence de ces deux madrés au cabinet ne peut que fortifier l'espérance de ceux

qui ont foi à un issue pouvant amoindrir les difficultés qui grossissaient tous les jours à mesure que
nous approchions de 1880 !

Le cousin Mayenne est un grand capitaine ; mais,
— qu'on ne l'oublie pas — M. le duc de Broglie est
plus malin que lui.

Je ne sais ce qu'il y a dans le cerveau des hommes politiques — il est vrai que c'est le petit nombre — qui entrevoient la possibilité d'une solution
sans que l'on ait besoin d'avoir recours à un appel
direct au pays. Il y a un point d'honneur engagé
entre la majorité de l'Assemblée et le pouvoir exé-
cutif sur le terrain parlementaire. Un combat doit
avoir lieu : l'arme des gouvernements parlemen-
taires, c'est-à-dire l'inoffensif bulletin de vote, doit
jouer au plus tôt. Aux urnes ! aux urnes ! tel est le
mot de ralliement.

Voilà la situation vraie, logique du présent, à
supposer que l'on puisse allier la logique à la politique.

Examinons brièvement la situation du passé,
c'est-à-dire celle qui a forcé la main pour autoriser
le renversement, d'une façon peu élogieuse, du
cabinet Simon.

On n'a pas oublié la couleur significative donnée
par le suffrage universel dans trois ou quatre élections successives. C'était d'abord le succès éclatant
d'un candidat radical ; ensuite l'échec vraiment
humiliant d'un pilier du parti légitimiste, etc. Vous

connaissez la ténacité, la persistance en politique de tous ces monarchistes de diverses nuances qui ont l'Église pour point de départ. Ah! qu'ils calculent mal ceux qui se figurent pouvoir renverser ces gens-là d'un souffle! Comme ils ignorent les puissantes racines qui les affilient dans les grands rouages de l'État et de la nation!

Ces hommes voient de loin. Ils n'attendent pas que l'ennemi ait abordé la frontière en bataillons rangés pour le combattre, parce qu'ils ne seraient peut-être pas les plus forts : c'est avant que les bataillons soient formés ; c'est avant que l'ennemi soit prêt pour la bataille qu'ils frappent d'autant plus fort qu'ils sont sûrs de vaincre. C'est la tactique politique véritable, c'est la prévoyance subtile dictée par l'instinct du danger. *« Il vaut mieux tuer le loup que si le loup nous tuait! »* disait M. de La Valette. Et les bonapartistes, en voulant tuer le loup, se sont tués! Autre conséquence de cette bizarre logique qu'on appelle la politique.

Bref, à un moment donné, on n'a vu que deux partis en France : l'extrême droite et l'extrême gauche, c'est-à-dire la monarchie comme sauvegarde de la propriété et de la famille, et le parti radical-socialiste veillant aux frontières du pouvoir, pour essayer d'entreprendre la tâche qu'on lui prête et qui consisterait à anéantir la famille, la propriété... et que sais-je?

Il faut faire la part des illusions en politique. Nous avons tous nos illusions. L'aspect d'un danger n'est jamais aperçu dans son minimum.

Il y avait aussi pas mal de ces journaux qui, il faut en convenir, étaient d'une extravagance idiote ou plutôt coupable, et dont les articles, brillants par la forme, mais absolument privés de fond, ne pouvaient que fausser l'esprit de ces innombrables cerveaux naïfs où le jugement sain n'a pas encore fait élection de domicile. Les hommes intelligents pouvaient seuls les lire sans danger, parce qu'ils savent discerner.

Toutes ces conditions réunies ont fait entrevoir un véritable danger.

J'ai toujours pensé, pour ma part, que ce faible noyau formé d'orgueilleux, de déclassés, d'ambitieux, d'insensés turbulents, d'idiots ou de coquins, qui s'affublent du titre de *radical*, serait, un moment ou l'autre, une des principales causes de la chute de la République, si chute il y a.

Le drapeau du radicalisme est le drapeau de l'instabilité qui conduit au désordre ; de la fausse vertu qui conduit aux orgies ; des embrassades fraternelles conduisant aux déchirements !

Les radicaux sont les ennemis de la société. Ils voudraient soi-disant gouverner les hommes avec du sucre d'orge — alors qu'il y a quatre mille ans que le fer remplit cette fonction ; — ils voudraient supprimer les hiérarchies sociales, alors que ces hiérarchies sont les échelons indispensables qui forment l'échelle représentant la dignité, la grandeur et la sauvegarde de toute nation qui a non-seulement à s'examiner elle-même, mais qui a à compter avec les nations voisines. La situation des nations voisines compte, croyez-le bien, dans la balance politique de chaque État en particulier.

On peut, du reste, définir logiquement le radicalisme en peu de mots : c'est le spectacle des filles de bas-quartiers sur le retour prêchant la vertu et postulant pour être rosières ; — les ivrognes fieffés faisant des conférences sur la sobriété et sur son utilité physique et morale ; — les imbéciles patentés discourant sur des questions philosophiques ; — les heureuses dévergondées jetant la pierre à la malheureuse jeune fille qu'un instant de faiblesse a perdue sans retour, etc., etc.

Si la vertu humaine existait, le radicalisme en serait la première conséquence. La vertu n'existant que relativement, les théories du radicalisme né peuvent qu'être l'apanage de cette famille puissante qui a pour chef le roi des cerveaux creux.

Il est évident que ceux qui ont fait un épouvantail du radicalisme, l'ont vu avec des verres de lunettes grossissants. Cependant ses progrès, aussi petits qu'ils fussent, n'allaient pas moins leur petit bonhomme de chemin. On avait l'air d'y prendre goût. Il est vrai qu'il est si facile de servir de beaux plats d'espérance dans ce vaste horizon des utopies!

En pensant aux élections futures, il est une chose qui me fait peur et sur laquelle j'insiste de la façon la plus énergique.

Les Français, qui sont malins — puisqu'ils ont créé le vaudeville, — n'ont pas toujours le tact politique. Dans certaines circonstances, ils ne voient pas le milieu raisonnable et se lancent dans les extrémités de l'alphabet politique : la lettre A ou la lettre Z, marche !...

Quelle fausse voie ! quel faux jugement ! Comment voulez-vous qu'il n'y ait pas de secousses en manœuvrant de cette façon ? Elles sont inévitables.

Je crains donc que les élections prochaines se fassent sous l'impression de deux courants extrêmes. Je crains surtout que ces fameux candidats radicaux-socialistes ne surgissent — toujours avec l'intention de tout sauver — et ne jettent l'épouvante chez les uns et l'exaltation chez les autres. C'est toujours avec une impression de tristesse que je vois s'étaler, à l'époque des élections, ces affiches où les mots *radicalisme* ou *socialisme* brillent en grosses lettres, comme s'il s'agissait de quelque chose de sérieux.

Les utopies dangereuses doivent être combattues.

Le gouvernement ne s'en priverait pas, si le suffrage universel avait assez peu de bon sens pour accentuer, dans son prochain verdict, l'opinion radicale socialiste. Espérons que cela se passera plus raisonnablement, et qu'il n'y aura, au contraire, qu'un verdict rétablissant en France l'état de choses existant, à quelque chose près, en général, à la chute même de M. Jules Simon.

Mais si les radicaux triomphent, vous verrez, un beau matin, dans les villes de France, une promenade militaire qui aura sa signification.

Cette promenade militaire, dans une circonstance semblable, aurait l'assentiment de la nation, qui préfère tout plutôt que le radicalisme, lequel ne produirait que sa ruine et son abaissement.

Il faudra donc que les électeurs aient à cœur cette grande prudence qui sied si bien dans les grandes occasions...

En France, il y a trois classes distinctes : le peuple, la bourgeoisie, la noblesse. (Le réaliste n'en voit qu'une bien apparente : celle des déclassés.) Ces trois classes, qui ne peuvent s'assimiler politiquement et socialement d'une manière positive, doivent cependant concourir relativement et d'une manière évidente au fonctionnement de l'engrenage gouvernemental. C'est la situation — appelée force des choses dans toutes les circonstances de la vie — créée par la Révolution française, dont la grande œuvre a secoué les trônes de toutes les nations civilisées et jeté dans l'esprit et le cœur de tous les peuples un germe que nulle puissance humaine ne pourra anéantir.

Mais il ne faut pas se le dissimuler : la Révolution n'a pas fait tout ce qu'on est tenté de lui attribuer.

Les hommes de 89 ont voulu principalement détruire la noblesse ou aristocratie, les priviléges, et surtout les grandes fortunes, qui constituaient les grandes inégalités.

Où en sommes-nous à l'heure actuelle?

Eh bien! la France est le pays le plus aristocratique du monde. Ouvriers, bourgeois, nobles, sont unis par ce sentiment de valeur personnelle qui est positivement le sentiment d'intuition aristocratique.

Est-ce que les priviléges peuvent être détruits? Ne font-ils pas partie de la nature humaine? Mais ceux qui crient le plus fort aujourd'hui contre les priviléges sont ceux qui en bénéficient.

Quant à ce qui regarde la fortune, ma foi! le résultat est merveilleux!... Quel intérêt peut trouver la multitude à ce grand changement qui a fait passer les biens des ducs de La Vrillière ou de Richelieu entre les mains d'un Mennesson ou d'un Dubois quelconque. Ne discutons pas sur ce chapitre, s'il vous plaît! Constatons simplement que jamais on n'avait vu, à aucune époque, des accroissements de fortune semblables à ceux dont on peut se payer le spectacle aujourd'hui, c'est-à-dire des fortunes aussi rapides, aussi scandaleuses, aussi révoltantes que mystérieuses. Mais il est une consolation : ces heureux du jour n'ont pas droit à la particule. Leurs aïeux étaient des enfants du peuple, la plupart des épiciers, etc. A la bonne heure, nous respirons : voilà le progrès...

En dépit de ces espérances déçues, des grands travers qui sont une source de luttes éternelles, je me demande s'il est possible qu'un homme au cœur noble et généreux, soucieux de sa dignité propre, puisse ne pas éprouver intérieurement des sentiments républicains et rêver pour son pays un gouvernement qui serait l'affirmation de la dignité générale? Hélas! les hirondelles ne font pas le printemps! Voilà la vieille réponse à de bien vieux désirs.

Une nation est une grande famille. Du petit au grand, chacun apporte, dans la mesure de ses moyens, le concours particulier qui forme, en s'inféodant aux autres, le grand roulement de la richesse nationale. Les petites bourses comme les grandes concourent à alimenter le Trésor public, et lorsqu'il s'agit d'exposer sa vie pour former une barrière humaine à l'ennemi menaçant les frontières, est-ce que tous, pauvres et riches, ne doivent pas concourir à la défense commune? Est-ce que la grande solidarité qui existe et fonctionne au moment du danger ne devrait pas se retrouver aux jours florissants de la paix intérieure?

Le suffrage universel a été imaginé pour donner à chaque citoyen le moyen matériel d'apporter sa pierre à l'édifice gouvernemental. Rien de plus moral, de plus juste que ce système. En même temps qu'il devrait donner de la dignité à une nation par un trait d'union qui en ferait la force, il élèverait d'autant chaque électeur en particulier comme le rendant solidaire du grand résultat général, — en faisant de chaque citoyen un gouverneur et un gouverné.

Celui qui tient un bulletin de vote doit se placer mentalement dans deux situations avant d'accomplir son droit : d'abord, comme chef d'Etat, il doit pressentir les difficultés qui surgissent dans la sphère du pouvoir et en tenir compte pour le but qu'il désire atteindre ; ensuite, il doit s'étudier lui-même dans sa situation de gouverné.

Non ! il n'est rien de plus logique, de plus honnête que la combinaison politique et sociale du gouvernement du pays par le pays.

Mais au fond, que de points noirs dans cet horizon ! La logique et l'honnêteté — je l'ai dit ailleurs — sont des endosseurs dont les billets à ordre seraient d'un placement difficile.

Si le système républicain a été jusqu'à présent en butte à des tiraillements journaliers, il y a sans doute un puissant motif, qui n'est autre que le *manque de crédit*.

En effet, toutes les fois qu'un crédit s'appuiera spécialement sur la *logique* et l'*honnêteté* générales, ce crédit sera aléatoire, parce qu'il est impossible de généraliser avec succès, en matière d'économie politique, ce qui est essentiellement du domaine des infimes particularités.

Le crédit veut des actes et non des paroles.

Jusqu'à présent, en République, — et c'est là une preuve d'enfantillage humain, — la déviation d'un engrenage, par le fait d'un seul, a été jetée sur le compte de tout le fonctionnement. La solidarité, qui devrait être une sauvegarde, est évidemment ici une cause d'épouvante. Parce qu'un pilier a faibli ou s'est rompu, vite on suppose que les millions de piliers qui sont debout et solides sont à la veille de faiblir ou de se rompre.

Aussi voit-on se produire quelque chose d'éminemment insensé et d'illogique : c'est qu'on a plus de confiance dans la responsabilité d'un seul que dans la responsabilité de tout le monde.

Comme conclusion, une question politique se pose aujourd'hui carrément :

La France est-elle monarchique ou républicaine ?

Examinons sérieusement cette situation.

La première impression qui s'offre à l'examen de l'observateur politique n'est pas favorable aux partis monarchiques ou dynastiques... Au fond, que représentent ces partis en particulier? Une macédoine politique, ni plus ni moins. Franchement, quand on voit la légitimité militante s'avilir au point d'offrir ses poignées de main et faire des mamours au bonapartisme, peut-on éprouver autre chose qu'un profond dégoût? Les vrais légitimistes — et ceux-là seuls sont dignes de respect, comme ils représentent le petit nombre, — les vrais légitimistes, dis-je, ont le bonapartisme en horreur, par la seule raison qu'ils sont logiques et qu'ils ne peuvent oublier que se sont ceux-là même qui ont trempé leurs mains dans le sang de Louis XVI qui ont bâti les premières marches du piédestal majestueux où s'est assis comme chez lui le premier Bonaparte.

Le véritable et infime petit noyau légitimiste ne compte aucunement sur la rentrée du Bourbon impuissant qu'on nomme le « Roy de France ». Et je suis persuadé que le superficiel Henri V ne tient pas beaucoup à venir s'asseoir sur le trône de ses pères, où des épines occultes n'attendent que sa venue pour fonctionner.

Si le comte de Chambord est intelligent, il continuera à vivre éloigné de sa bonne ville de Paris, malgré les exhortations des Chesnelong et autres borgnes qui se figurent agir en amis. Il peut attendre sous l'orme, d'ailleurs, le Roy, s'il compte sur le suffrage universel... Mais il y a un autre moyen!...

Malheureux ! n'en essayez pas ! Il n'y a pire qu'un paysan révolté... Vous vous trouveriez en relations avec Jacques Bonhomme ; vous feriez naître une seconde édition de la Jacquerie, qui entreprendrait son office, cette fois, non-seulement en Picardie, mais dans la France entière.

Ecoutez ce conseil, légitimistes à courte vue, sinon vous vous en repentiriez !...

Quant au bonapartisme, il y a en ce moment un collégien, faisant sa huitième en politique, — j'ai nommé Cassagnac, — qui peut nous donner une idée de ce que serait au retour ce bienfaisant régime. Ce pauvre insensé parle de tout briser pour frayer un passage à ce malheureux prédestiné que l'on voudrait baptiser Napoléon IV. Les Bonapartes savent par expérience que le trône de France n'est qu'une sinécure provisoire, un acheminement au plus effrayant quart d'heure de Rabelais que l'on puisse imaginer.

La fin de Napoléon Ier a été bien plus cruelle que celle de Louïs XVI ; quant à celle de Napoléon III, je ne sache pas qu'elle ait quelque chose d'enviable. Le vaincu de Sedan n'a cependant pas eu à supporter d'aussi terribles souffrances morales que le vaincu de Waterloo, par la raison qu'il se trouvait, depuis des années, dans un état voisin de l'idiotisme.

Tous ces petits détails sur l'histoire de sa famille doivent donner à réfléchir au petit Chislehurstien. Si le jeune homme est intelligent, il s'est gravé déjà deux dates dans la mémoire : *Sainte-Hélène !*

Chislehurst ! deux dates mémorables s'il en fût, et qui doivent faciliter les travaux de l'imagination. Si, pour son malheur, et par un moyen quelconque, le fils de Napoléon III prenait en France la suite des affaires de sa famille, il s'ensuivrait pour lui les plus cuisants regrets ; il n'y aurait qu'à laisser faire les Cassagnac, ces serviteurs idiots, et la Roche Tarpéïenne s'offrirait bientôt, grâce à leurs maladresses, pour engloutir le dernier descendant d'une race maudite, d'une race qui a toujours laissé aux frontières de notre patrie les plus douloureux souvenirs, et à l'intérieur les traces d'une profonde démoralisation.

Quant à l'orléanisme, il s'est mis dans une situation tellement équivoque, tellement illogique par sa conduite vis-à-vis du chef de la légitimité, qu'il s'est relégué de lui-même dans la cantonade. C'est cependant cette branche qui aurait le plus de chances d'arriver et de se maintenir au pouvoir, en France, si des événements renversaient l'état de choses actuel.

Donc à cette question : « La France est-elle monarchique ? » La France ne peut que répondre qu'elle ne peut pas être monarchique par la raison que les principes fondamentaux des divers partis n'existent plus ; que ces principes ont été remplacés par un alliage de superficiel, d'équivoque et de métis dans lesquels on ne peut plus avoir confiance.

La France est-elle républicaine ? Oui, elle est républicaine ; mais elle veut une République assise sur ce puissant noyau qui a pour base l'opportu-

nisme; c'est-à-dire la haute raison, une République intègre, appelant au pouvoir les plus dignes,
sans distinction de classes, et ayant la force de se
faire respecter au dedans comme au dehors. C'est
la seule possible, parce qu'elle ne saurait frater-
niser avec les utopistes.

C'est le drapeau de l'opportunisme qui doit servir de point de ralliement aux prochaines élections. C'est ce drapeau qui doit nous donner une
France digne et prospère, parce qu'il abrite sous ses
plis l'intelligence, la fortune et la dignité nationales,
qui forment un piédestal où le crédit sommeille en
famille dans le calme que donnent la force, la fortune et la raison !...

L'absence du nom de mon éditeur sur cette brochure est due uniquement
à cette situation créée à la presse par l'arrivée au pouvoir des ministères dits
de combat. J'ai voulu diminuer les responsabilités. Je suis, du reste, parfaitement tranquille sur l'appréciation que pourra faire la censure. Elle ne
pourra que se trouver d'accord avec le lecteur sur un point : c'est que le
sujet que j'ai abordé aurait dû être développé dans un gros volume. L'intelligence du lecteur fera mentalement ce que les circonstances n'ont pas per-
mis à l'auteur de faire.

Bordeaux. — Imp. générale d'Em. Crugy, rue et hôtel St-Siméon, 16.

9 782012 395077